선잠 시집 006

눈물을 엎지르면 지구가 잠긴다

안채니 시집

우주속도

시인의 말

내게 있어 사랑은 웃음보다 울음에 가깝고
기쁨보다 슬픔에 더 가깝다

시간을 초인적인 힘으로 붙들어두고 싶어 안달이 나는 것
자책하다 결국 사과하기 위해 펜을 드는 것
고마워보다 미안하다는 말이 익숙해지는 것
떨어지는 빗물을 가려주려다 함께 젖는 것
추락하기 위해 도약하는 것

사랑은 비문투성이
오늘도 실수를 잘 저지르기 위해 연필을 깎는다

2025년 9월
안체니

차례

● 1부 요정들의 상실

13   시멘트 위의 사람들
15   복숭아 계주
17   살아야 할 이유를 찾고 있다
19   한여름 종이비행기
21   얼음들의 뜀박질
22   어두운 밤이 깊었으니 그림자에게 들킬 걱정 없이
     그대를 떠올릴 수 있겠지
25   못 사는 이야기
28   냉동나무
29   사랑은 슬픔의 코팅제
31   빼돌린 낱장을 돌려주려는데
33   흰 날개가 내리는 날
35   횡단하는 보도
37   내가 2010년을 그리워하는 것은
39   선명한 기억 증후군
41   사람이 사람을 잃어버렸을 땐 어떻게 해야 하나요

● 2부   거리의 다른 이름은 심리

47   외로움의 유의어
48   공중전화
50   구체적으로 어설픈 영원
52   빠른 전환 프린터
53   젤연고맛 키스
54   해가 든다
56   스트로베리 실크 샴푸
58   다시 시작하시겠습니까?
59   파 리한눈을치켜뜨 고
62   구운 오렌지색 비애
65   풋사과즙이 흐르는 행복의 나라
67   너와 영영 정말 영영 사랑하고 싶었거든
69   다정한 굴종
71   고양이 버스
73   나는 고작 그게 슬펐다

● 3부 볼을 타고 흐르는

79　눈물을 엎지르면 지구가 잠긴다

81　허물

82　약소한 행성의 사랑법

84　누워 있으면 슬픔이 머리맡으로 밀려와 익사하게 된다

86　장마 해류

88　마가렛

91　너는 브로콜리를 싫어하는데

93　옥상 위의 나루

96　아름답고 추악한 작은 우주들

97　쿠키 가루가 묻은 손

99　내 심장은 사랑해라는 낱말로 이루어져 있어

100　드림 문구점

102　반지상실

104　우리 세대의 사랑

106　햇빛에 결국 드러나는 얼룩들 그러나 우리는 보이지 않는 상처를 돌봐야 한다

● 4부　서로에게 눈부신 불청객이 되기로 해요

111　설탕사막에서 죽은 사랑
112　어떤 고백은 폭죽의 형상을 띤다
114　눈물감기를 옮긴 건 키스가 아니라
116　튤립 댄스
118　적용과를 먹자!!
120　베이지
122　풀숲의 낱알
124　장마철엔 울 일이 많아
126　눈사람 괴담
128　편지를 베어 물면 청사과 향이 나
130　망할, 아무리 생각해도 사랑은 약점이 맞는 것 같다.
132　회전
135　사랑해라는 말은 매일이 골똘하다는 뜻이기도 합니다
137　지구가 빌리고 빌려준 것들
139　미래 모험가

1부 요정들의 상실

시멘트 위의 사람들

우리 책임이 아니다
별의 명칭이 제각각인 세상에서는 손으로 눈을 가려도 괜찮다
남몰래 떨어져도 발견 당하고
나의 추락에 소원을 비는 불결한 감시를 떠올려보자

남김없이 먹어보려고 부엌에 둔 사과 껍질이 갈변하는 동안
지구는 딱 한 번 볼을 붉혔을 뿐이다
땅굴 밑엔 천사가 살고
천사의 날개뼈 아래엔 어린 개들이 침묵하고 있다

말의 낱알을 고르면서 환하게 웃는 사람들
합리를 믹서기에 숭덩숭덩 잘라 넣고 맛있게 갈았습니다
깨진 컵이 서빙되고 손님은 구부러진 빨대를 보며
입술을 오므린다

뒤통수에 목울대를 붙이고 숨 고르는 이가 누구인지
첫 숨이 터질 때 내가 찡그렸던 울음은
과연 엄마가 안도할 만큼의 가치였는지

끈끈히 뭉쳐있길 바랐던 뭉게구름은 바람의 훼방에도

우습게 풀어지는데

마주치는 얼굴들 양 눈 사이 미간은

뜨겁게 다리고 외출해도 수분기에 주름이 진다

복숭아 계주

까다로운 당신을 보면
그 단단한 속을 헤집고 들어가 눕고 싶다
딱딱한 복숭아의 과육은 씨에 비하면 말랑하다는 걸
내가 보고 싶은 진심의 단면은 갈빛 씨 안에 있어서
매일이 곤혹스러울 따름이다

나에게만큼은 예외일 모습을
긴 시간 공상하다가 문득 창피해진다
이게 다 내리는 강수량의 차이 때문이야
영화 속에서 비를 흠뻑 맞는 장면은
해방을 뜻하기도 하는데
왜 이 분홍색 빗물은 내 땅에
침투하고 적시고 질척이면서 발목을 삼키나

네 목울대가 마른 호흡을 꼴깍대며 오르내리길래
옆에 자주 앉아 있었다
난 수분에 죄는 옷을 당기며 축축함에 몸서리치고
네 머리는 여전히 말라 있다

나는 너의 예외가 되고 싶다

따분한 얼굴이 고양되는 유일무이한 존재가 되어
단편소설의 귀여운 도입처럼 향기롭게 읽히고 싶다

베어 물지도 못할 떫은 과일에 침이 넘어가는 이치
몇십 원 모자라 마실 수 없는 슬러시를 바라보는 기분
내 물장구에 네가 한두 방울씩 젖기 시작한다
달려도 달려도 붙잡을 수 없이 굴러가는 예쁜 당신

한 번만
깨물지 않을 테니 한 번만
우리는 계주의 룰을 깨고 한 방향으로 속력을 냈다

살아야 할 이유를 찾고 있다

뇌보다 심장이 앞서 반응하는 순간을 좋아한다
몸체가 먼저 뻣뻣해지고 심장이 펌프질을 가속할 때
파도에 덮쳐진 해조류같이
젖은 등을 뒤집지 아니하고 동떨어져 있을 무렵을

헌혈하고 초코파이를 고르면서
베푼 피만큼 어지러울 때
나 살아있구나
그제야 인간다운 숨을 얕게 부풀릴 수 있다

잠든 사이 벌컥 열린 현관문처럼 곤혹한 기분으로
매일을 내일로 빚지고 눈을 가린다
불안을 깔고 햇빛을 덮는다
수마란 건 성가신 자연재해 같다

살아야 할 이유를 찾고 있다
우선 나는 손바닥이 평균치를 웃돌 만큼 따뜻하고
웃음이 적고 양을 세어야만 잠들 수 있는데
존재를 지속해야 할 타당한 증거가 될까

숨이 마를 때마다 손톱을 깎고 밤하늘에 대어본다
우리 손끝엔 그믐달이 열 개나 자라고 있다

한여름 종이비행기

고백할 거야?
아니
그래

손목을 타고 뚝뚝 흐르는 아이스크림은
해가 핥는 족족 녹아내리는 중이었고
허름한 냉장고에 오래 처박혀 방치된 모양인지
성에로 뒤덮여 물 탄 맛이 났다

한더위를 못 견뎌 눈살을 찌푸린 모습
볼에 덕지덕지 달라붙은 황갈색 머리카락

너는 그날 곰돌이가 그려진 티셔츠를 입고
더러운 평상에 누워있었다
그건 뭐야? 그냥 종이 쓰레기
성장기부터 뒤처져 자란 내가
아무리 덤벼들어 뒹굴어도 뺏을 수 없던 흰 종이

사랑이 맞닿으면 심장끼리 연결된대
맥박을 청취하고 싶지 않니

흘려듣길 바라는 마음으로 흘려 말했지만
너는 피가 팽팽 도는 붉은 얼굴로 딴청을 피웠다
어릴 적부터 나의 모든 걸 앞섰던 네가
용기만은 뒤처져 있다
손 땀에 절은 편지
플러그가 연결될 수 있는 유일한 수단

여름은 둥근 과일을 많이 먹는 계절인데
사랑은 왜 번번이 뾰족뾰족하지

과숙된 수박을 먹고 집으로 돌아가기 전 너는
종이비행기에 마음을 태워 이륙시키고선 도망갔다

목적지는 내 어깨
연착돼 오래 기다렸던 비행기에서 글자들이 걸어 내려왔다
탑승 정원 초과야 소리치며 몸을 펴는 고백들
종이비행기 내부엔 너무 많은 글자들이 타있었다

얼음들의 뜀박질

얼음물 섞는 소리
열차가 도착하기 전 발뒤꿈치를 수차례 떼었다가 붙이던
사람들의 알 수 없는 속내를 닮아있다
혀가 저리면서 심박을 조이는 설렘은
생의 대척을 손에 쥔 지구인만의 특권
울창한 나무가 창가에 펴 발리는 풍경을 바라보면서
한 잎 한 잎이 말하는 소리를 상상해 본다
초록을 흙바닥에 뚝뚝 흘리는 잎사귀들의 어여쁜 얼굴
열차 안은 조용했다 일제히 바르게 놓은 발에 신겨진
특색 없는 검은 구두만이 갈 곳을 알고 있다
아직 부서지지 않은 건물 안으로 들어가는 사람들
인간은 어디든 침범하는 버릇을 가지고 있어
못된 다리가 분주히 영역을 늘린다
뜀박질하는 바쁜 어른들
자글자글 땅을 딛는 발바닥
얼음들이 남남 같은 얼굴로 잠시 섞이는 소리를 듣는다

어두운 밤이 깊었으니 그림자에게 들킬 걱정 없이 그대를 떠올릴 수 있겠지

달이 퍼렇게 밝은 꼭두새벽마다
무성영화를 즐겨 보던 그 애는 말이 많았다
커다란 체리 통조림을 품에 껴안고
속눈썹이 젖을 만큼 웃으며 미주알고주알

다시 그해 여름밤으로 돌아가면
웃음으로 울음을 감추던 기기한 얼굴과
뜨겁게 끓는 온몸에
입술을 대고 경외하며
몸속을 출렁이는 슬픔색 피를 모기처럼 빨아 먹어야겠다

일기예보를 챙겨보는 습관은 당신으로부터 온 것이다
허술한 편의점 비닐우산조차 없는 현관 신발장 앞
크기가 맞지 않는 분홍색 우화는 거미집이 되었다

폭우에 대비하지 않음은
닦아주지 못했던 눈물이
몸을 불려 내게 덤벼오는 것이라 착각하고 있기 때문
하늘이 내리는 고된 찬사
정수리부터 광대뼈 콧등 윗입술 턱 어깨 흉부 무릎 발등

드러난 부분이 먼저 새카맣게 젖어간다
카페 통유리창 근처에 앉아
노트북을 두드리고 있던 누군가가 삿대질하며 웃는다
진심은 놀림거리
이별은 구설수
후유증은 차별의 원인

자기야
인간은 꿋꿋한 나무 먼저 도끼로 패는 습성이 있어
마를 새 없던 축축한 얼굴로 슬픈 호흡을 헐떡이며
우지끈 내게 기울던 그 애
곤혹의 누수를 뻘뻘 흘리며 뒤돌아 뛰던 나

이 숲에서 나는 벌목공이었고
불어나는 정열을 태우기 위해서는 가까운 땔감이 제격이었다

오른쪽만 푹 꺼진 소파에 등을 대고 앉아 있는 자정
달이 들지 않는 자리
고적한 낯빛
일그러진 눈썹에 대해 상념 한다

피가 어둡게 식는다

못 사는 이야기

어느 날 천장에서 못이 뚝뚝 떨어졌다
엄마께 배운 대로
윗집으로 사과 몇 알을 들고 올라가
양반다리를 하고 앉아 넉살 좋게 웃다 내려왔다

공사한 적 없어요 벽에 구멍 내기 싫고 돈도 없고
손사래를 치는 생소한 얼굴들

피하면서 지내면 돼
친구가 의자를 끌어 옆으로 이동했다
너는 실수하지 않으면서 살 수 있어?
시리얼 담긴 국그릇 위로 못이 뚝 떨어진다

지나가던 취객과 시비 붙어 몸싸움하고 돌아온 밤
집 안은 깨끗했다
엄마와 전화하다 핸드폰을 집어던진 날엔
손바닥 위로 콘크리트 못이 날아왔다
정당한 몫을 챙기려 팔과 다리를 물어뜯었다
피신할 필요 없는 밤을 보냈다
친구에게 악담을 퍼부었다

가랑비가 따갑게 쏟아졌다

모두가 네모난 건물 속을 갈구하고
안정을 찾는 일이 우스워 박장대소를 했다
여력 없이 동파하려는 의도를 알고 조용해진다

살고 싶지 않아서 상체를 펴고 누워
대못이 떨어지길 고대한 밤
허연 천장은 잠잠했다
화목하라구?
선한 자비를 뜨겁게 삼켜 혈액에 희석하라구?
이런 폐망의 행성에 불시착한 나더러?
단단한 혀에 맺힌 아침이슬의 청아함
뿌리에 잠복 중인 욕설들
못은 낙하하지 않았다

눈을 감았다
내일 먹고 싶은 음식을 생각하다가
절망의 수도꼭지를 잠갔다
불합리가 더 큰 불합리를 친구라며 데려오는 꿈을 꾸었다

그들은 내게 못을 팔았다

이젠 제어할 수 있습니다 허리를 숙이면서

냉동나무

 스무 살 적에는 내가 죽이는 인간이 될 거라 믿었다. 태양과 진심으로 주먹 다툼을 벌이면 이길 수 있다 믿었고 쾌청한 정신은 지정석인 양 구름 위에 걸터앉아 있었다. 내 전부가 조금씩 깎아질 때엔 걷잡을 수 있는데 일부러 놓치는 거라 굳게 믿으며 돌아섰다. 잡은 손은 빨리 놓을수록 좋았다. 옮기 전에 코를 가리려는 거야. 명약이 없다는 걸 알면 본능적으로 움츠러들지. 바짓단만 스쳐도 횡재와 기적이 우연처럼 품에 안기는 나라. 선망의 울음. 애당초 세워지지 않았다고. 헐떡이는 혈기를 꺼내 보여주고 싶어서 손으로 하트 모양을 만들기 시작했고 최초의 원작자는 찾을 수 없었다. 호수는 잔잔했다. 물기가 있었다. 가까이 가면 세팅 파마의 볼륨이 죽었다. 원리가 같다. 내 곁에 오면 생기가 죽는 사람들. 스물. 이젠 맛있었던 음식밖엔 기억나지 않는다. 불필요하게 수북이 냉동된 나뭇가지를 씹어본 일이 있었던가, 없었던가? 누가 베어냈나. 서로를 씹는 종족들은 훗날 교과서에 실릴 각오마저 다진 적이 없다.

사랑은 슬픔의 코팅제

왜 그 사람이냐고 물었을 때
터무니없는 이유를 댄다는 건
별다른 까닭 없이 사랑할 수 있다는 자신감이기도 하다

겨울 추위를 함께 견디고 싶은 사람
해가 바뀔수록 절절매고 있다
무언가 특별한 기쁨을 나누어야 의미 있을 것 같아서
시간을 놓치고만 있는 게 너무 괴로워 어쩔 줄 모르겠다

많이 보면 될까
기쁨을 초콜릿처럼 반으로 쪼개보면
그 안엔 슬픔 무스가 가득 들어차 있는데

좋아서 그래 좋아서 우는 거야
나는 가끔 운다
사랑해서 운다
만져지는 온도가 충만해서 운다
어쩌면 사랑은 슬픔의 코팅제일지도 모르겠다

날 때부터 외골수 기질이 다분한 내가

이젠 당신만 파고들어 보려고 한다
사랑은 늘 그 자리에 있으니까
천천히
발돋움처럼
성급하지 아니하게

빼돌린 낱장을 돌려주려는데

무엇에 그토록 광분했었는지도 흐릿하다
서로의 시간 한 편에 앉아 있었다는 사실인가
우스워진다
당신 없이 행복할 일생이 아득한걸

너라면 속속들이 아는데
존재가 손에 익었는데
눈 감고도 몸 선을 그리는데

무색의 사랑에도 순정은 있거든
질긴 오기에 목이 메며 발설되지 않았던 문장 하나
여태껏 이물감이 든다

갓 출발을 알릴 때나 싱그럽지
여정은 퇴색한다
그러나 점차 색이 바래고 물이 빠지고
향취가 묘연해지는 데에서 오는 시간 맛을
나는 좋아했던 것 같다

미처 전하지 못하고 빼돌린 낱장이 있다

기나긴 주행 속 동반자로 머무르며
낱낱이 파헤쳐진 나를
세상에서 가장 쉬운 문제 읽는듯한 눈동자로
내려다볼 때마다 희락이었다고

건조한 체온에서 종종 형용 못 할 감격이 팽배해
호흡의 수를 세어가며 진정했었다고
말해주고 싶어서

나 연필 쥐는 법을 잘못 배워서
이쯤 쓰면 손가락뼈가 욱신거린다
알아 그러겠지 넌
몰라 난
너무 알아버리면 모든 걸 잊는 바보가 되나 봐

흰 날개가 내리는 날

고해하려고
허약하게 돋은 날개뼈가 부러져본 적이 있음을
나를 치고 간 건 악령이 아니라
머리 위 천사의 링을 잃은 나와 같은 이

누워서 맞은 깃털은 눈처럼 소복하거나
닭털마냥 빳빳하지도 않은 일반적 털결
등 뒤가 축축하게 젖어가는 동안
우습게도 나는 초능력을 생각했고
신묘한 존재의
운명적 선택이
기꺼운 자비가
뼈 틈 사이사이로 깃들기를 염원했다

본래의 우리는 날았지 태양 주위를 낮게 비행하다
바람을 매섭게 가르고 배를 뒤집기도 하며

사과에 부리를 얻어맞고 타락한 소설집을 돌려 읽은 날
짚 위에 누워 잘못을 실토하던 어린 빛
우린 소원을 이루어주지 못하는 천사였으니까

흰 날개가 내리는 날의 한파는
꺾여 추락한 이의 오한이라고
고향이 너무 먼
환상통에 적응한
당신 곁의 맑은 누군가

횡단하는 보도

우리는 그날도 만났지
어김없는 출근길
날림공사로 교합이 어긋난 보도블록에
굳은살 박인 평발을 딛고 서서

횡단하기 이전
신호를 지키지 않는 이는 없었지만
무단이 가져올 비극과 어리석음을 상상하다가
정작 떠가는 구름의 아름다움은 놓치고 있었다

초록불을 응시하는 사람은 둘뿐이었다
빨리 건너려고
사람이 사람을 보고 따라 건널 동안
우리는 늘 성급히 처음을 자처했으니까

반대편에서 네가 걸어온다
땅바닥을 보고 걷는다
아스팔트에 들러붙은 시커먼 껍딱지를 세고 있나 보다
하나둘 세 개 네 개

나는 나란히 정차한 자동차를 센다
반질거리는 선팅에 반사되는 빛
눈살을 찌푸리며 걷다 뒤를 돌아보니
너는 이미 뛰어 사라지고 없었다

내가 2010년을 그리워하는 것은

웃음소리가 여름바람처럼 뜨겁게 나부끼는 거리
새카만 얼굴로 다시 걸어본 이유를 말하라 부추긴다면
단순히 그리워서라고 대답할 것이다

뭉클하게 조여오는 맥박은 오롯이 나만의 비밀
살아있는 이가 움켜쥐고 놓지 않아도 용서받을 수 있는
유일한 치미이기 때문에

어린기를 즈려밟고 지나온 메이커 운동화 밑창
뒤꿈치 왼편이 완전히 닳아버린
심경만 기운 줄 알았더니 구부러진 척추로 인해
넘어질 듯 걷고 있었던 모양이다

지구가 회전한 거야
내가 고꾸라진 게 아니라
2010년 7월 31일 우리의 눈에 물기가 옅고
대중가요의 기세가 몹시도 씩씩하던 신나는 여름

폐업 후 리모델링한 단골 상가 거리를 걷다 보면
울고 싶은 기분이 든다

격변을 마주하는 기분은 추락과도 같은 걸

인위적 향기의 과일 팝콘을 안고 들어가던 작은 상영관
직원이 불친절하고 양파가 설익어 맛없던 그라탱
담배 연기가 물안개처럼 내려앉은 낡은 노래방
초등학생 손님들로 인해
메뉴가 주객전도되어 가던 생과일주스 가게

뒷골목은 날씨가 맑아도 비 냄새를 풍긴다
오늘 내 기분은 중고 무광 MP3를 만지작대며
몰래 울던 그날과 다를 게 없네

선명한 기억 증후군

 이젠 개어두기로 했다. 발에 걸리는 상념들을 차고 다녔는데 그건 좋은 생각이 아니었기 때문에.

 질긴 필름이 발목을 묶을 줄이야. 머리로 넘어졌고 폐가 아팠다. 끔찍한 극통보다 두려운 건 그 5초를 번번이 상기할 나의 기억력.

 중요한 순간마다 이게 떠오를 줄 몰랐다. 이제 난 한 발짝도 걷지 못하고 있다.

 이름을 불러볼까. 전부 잊지 않았는데. 아니, 못했는데. 유실함에 뇌를 넣어두고 도망갔다가 분실물 보관 쟁반에서 기어이 찾아온 내가.

 이제부턴 무거운 가방을 메고 걸으려 한다. 책임과 사랑은 동의어이기도 해. 넌 그렇게 말하며 빈 잔을 기울였다. 다 마셨네. 그러게. 남김없이 다 마셔버렸네.

 네가 두툼한 소설 초고를 잘못 보내온 날 우편함에 이마를 기댄 채 흠뻑 울었고, 다음날 봉투가 사라졌을 땐 더 이상의 기약은 없을 것이라 직감했다.

 인연은 다시 타인으로 돌아가기 위한 긴 과정이다. 그럼에도 내가 잊지 않은 것들. 계절을 타는 머릿결, 쌀쌀맞다가도 사랑해서 결국 풀어지는 얼굴, 좋아하는 향신료, 무거운 사념…

사람이 사람을 잃어버렸을 땐 어떻게 해야 하나요

무언가를 잃어버리는 사람으로 낙인찍혔습니다
그러나 난 잃어버린 적이 없습니다
내가 무얼 잃어버렸는지 아는 사람이 있다면
작은 엽서에 수기로 적어 우편을 부쳐주세요

네가 분실한 물품들은 증기가 되어 사라진 모양이라고
친구가 조소할 때
내가 살아가며 견뎌야 하는 건 극적인 악인이 아니라
난감한 선의일지도 모르겠다고 생각했습니다

입안이 까끌까끌해질 때마다 싫어하는 사람에게 받은
악담의 횟수를 세는 버릇은 여전하고요
그들의 얼굴을 떠올리려 애쓰고 있습니다
기다랗던 신체는 분명 뚜렷한데
얼굴은 꽃잎 한 장으로 대체된 사람들

그들에게선 맡아본 적 없는 향이 났어요
역설적이게
좋았죠
비굴하게 사과하는 상상까지 마치고 난 뒤

모순을 바른 감정의 거친 결을 가늠하느라
온 밤을 애썼습니다

깨진 문틈으로 절판된 소설집을 내밀던
불친절한 헌책방에서 소매치기당한 꽃반지는 얼마 뒤
쓰레기들과 뒤죽박죽 섞여 처리장으로 향했을 거고요
까맣게 탔을지 세계를 돌고 있을지
누군가의 손에 끼워져있을지는 모를 일입니다

그럼 내가 유실한 기억들은 어디에 있나요
나는 결국 한숨마저 잃어버린 사람이 되었습니다
이제 넌 가진 게 없네 꿈속 양 떼의 폭소에
울타리를 부수며 분풀이했지만
다시 사면 된다고 말하더군요

클릭해서 재구매할 수 없는 사람과 기억들
대체할 수 없다는 걸 알아차리게 되면
별 없는 밤을 미친 채 떠돌게 됩니다
난 그 기억을 영영 잃어버린 걸까요
결국 우린 모두 양 떼의 발굽 아래 누워 있나요

2부 거리의 다른 이름은 심리

외로움의 유의어

슬픈 날에는 몸을 웅크리고 잔다
경첩을 사납게 뒤흔드는 못된 바람에도
깨어나지 않고

들뜬 얼굴이 싫다
불온한 낌새가 뱃가죽을 빙글빙글 도는데
통증은 마감이 엉성한 칼등 같고
행복한 세상은 칼끝에 잼처럼 발려있다

우스운 시트콤을 보며 과자와 함께 눈물을 삼키는 일
모두가 와자지껄 잔을 부딪칠 때
사라다를 집어먹는 옹색함
과오가 상영되는 타이밍은 제각각이며
나는 언제든 B관의 문을 열고 들어갈 수 있다

턱끝에 주렁주렁 매달렸다가
툭 툭 떨어지는 방울 방울은
확대해 보면 무수히 많은 흰 글자들로 이루어져 있으며
전부 외로움의 유의어라는 특징이 있다

공중전화

아직 거기 있습니까?
수화기 너머를 더듬거려보아도
질퍽한 눈물만이 지문을 핥아 내릴 뿐

묵빛 영혼을 등지고 떠납니다
절반이나 사용한 향수병을 협탁에 올려두고 간 저의에 대해
밤새 생각했어요
싱크대 배수구에서 당신의 향이 납니다

필압에 구멍이 난 종이들을 끌어안았습니다
연필 만드느라 흑연을 닦을 새가 없던
당신의 점퍼 냄새와 비슷하여
질긴 신경줄에 편지를 아로새기는 마음으로

흥건한 볼을 제 손으로 닦아본 적 없다던
거만한 태도에서 충만감을 느꼈습니다
새큼한 눈초리를 받으며 긴긴밤을 지새우고 싶으나

인류가 언어를 발음하게 된 이래로 우후죽순 생겨나는 부작용
삼키는 문장들이 늘어갈수록 복통에 시달리고요

단어들이 불순물처럼 뇌를 떠다니는 바람에
신경쇠약으로 괴로운 것 아니겠어요

열대야에 익은 한숨 푹푹 쉬던 내게 A4 용지를 반으로 접어
밤새 부채질해 준 이의 음영진 안색
마른 종이 펄럭이는 소리 땀에 절어가는 침구
날개 부러진 선풍기

싯누런 여름 기승 아래 허우적대면서도
서로를 틈 없이 안고 있던 사랑에 관해 설명할 길이 없습니다

구체적으로 어설픈 영원

오늘은 너를 쓰고 싶지 않았다
눈인사조차 못 할 사이가 돼버린 우리는
글자로 만날 때 가장 다정하니까

네 이름 있잖아
힘주어 적어도 깜빡임 몇 번에 지워진다
정갈한 진심일수록 번지기 쉬워

운명에 볼을 포개고 있던 한때가 그립냐 물었지
사실 네 온몸이 내게 무겁다시피 기대 있으면
시럽이 가라앉은 음료를 섞지 않고 마신 것처럼
알딸딸하여 자꾸만 잠이 쏟아졌다

어제는 햇빛에 네 이름을 굴리며 놀았다
반짝이는 흑연을 하염없이 기울이다가
획이 무너지길래 입술을 급히 대고 사각사각 마셨다
탄 맛이 났지
쓰는 내내 마음을 졸였거든

정붙이고 살던 집이 사실 모래성이었을 때

곧 밀물이 들이친다고 모두가 경고하며
팔을 붙들어 끌어내려 할 때
나는 백모래에 사장될 생각을 했다

우리는 구체적으로 어설펐기 때문에
그럴 수도 있겠다고
공들여 자리 잡은 행복의 터전이 사실
절벽에 아슬하게 걸터앉아 몸을 기울이며
자신의 존폐를 고심하고 있는
외로운 땅덩이일지도 모르니까

엉성하고 허술한 영원도 지속될 수 있나
영원은 안녕을 발음할 줄 알까
쌀쌀한 무덤 위의 풀을 깎으며
젊기에 주어진 오만한 특권을 있는 대로 낭비해 본다

서툰 손짓에 작은 마음이 엉킨 거야 혈관이 아니라
비로소 연필을 놓는다

빠른 전환 프린터

저쪽 집이 화마에 잡아먹히고 있대요
놀라 고개를 뺀다
멀고도 먼 방향으로 신경이 찢어질 듯 뻗쳤다
이곳에도 영향이 있을까요?
세계는 연결되어 있으니 좋은 징조는 아닌 듯하네요
비명 비명 녹는 냄새
타닥타닥
땀 눈물
일치하는 농도
같음
폐의 무질서한 확장과 무리한 수축

울상
그러나 40초도 못 가서 깔깔거린다
엄지가 바쁘게 화면을 쓸어내렸다

젤연고맛 키스

기다릴게
배앓이를 견디지 못해 연고 한 움큼을 삼킨 네가
풋사랑의 떫은맛에 익숙해질 때까지

원래 그래 알잖아
사랑은 마지막 인사에 옷깃을 붙드는
악력 같은 게 아니야
처음 먹어본 푸릇한 낙과
혀가 쭈뼛거리는 아릿함
뱉어내고 싶은 그 저항감이 사랑이라는 거야

고양되는 만면과 막힘이 없는 혈관
팽팽 도는 새빨간 재미를 나눠 먹지 않을래?
포개도 돼
나는 따분하고 어설픈 키스를 사랑해

해가 든다

빛가루처럼 부유하는 실먼지를 올려다보면서 잠시 생각한다
맞아 영원할 줄 알았어
행복의 유통기한이 잎채소만큼이나 짧다는 걸
미리 알았더라면

우는 시야처럼 묽게 번지는 빛
성마른 영원이 폭렬하는 여름
먼발치에서 죽음 떼가 저무는 모습을 바라보다
예상보다 빛을 발하지 않아 실망하고 돌아선다

어둠을 끌어안았다
네가 좋아 나를 훤히 드러내지 않아도 되니까
어둠은 얼굴 없이도 웃을 줄 알았다
아늑한 속박은 몸을 일으키지 못하게 했다
느른하게 가라앉는 꿈과 희망들

졸린 얼굴이 울고 있었다
뛰어가는 꿈을 꾼다
박차는 소리가 반복적으로 들려왔다

나는 네가 어둠인 줄 알았는데
손으로 내 눈을 가리고 있던 거였어
궁금해하지 마 괜찮아

안주하고 싶은 마음과
비상해야 하는 신념이 부딪치자
바위에 부서지는 포말처럼 내가 쏟아져 내렸다

바다에 갇혀 슬피 울어봤자
누구도 눈물이라 생각지 않는다는 것을 깨달았다

머리 위를 덮은 이 그림자를 찢어내리는 동안
수많은 내가 전철의 녹음처럼 지나갔다
검은 틈이 밝게 빛난다
파란 하늘이 볼을 타고 흘러내렸다

스트로베리 실크 샴푸

언니가 보고 싶다. 스파클링와인 몇 잔에 취한 척하던 바보. 가만히 두면 자꾸만 울던. 이번 생은 탄생부터 잘못되었다고. 다리 먼저 빠져나온 게 내 잘못은 아냐. 예방주사를 제때 못 맞은 것도 내 잘못이 아냐.

모두 목마른 기분으로 산다. 비틀어 짠 불순을 한 방울씩 삼키면서. 지구가 나를 가만두는데 왜 저들은 나를 보고 짖지. 생각이 공전한다. 어쩌면 내가 지구에 침입한 것인지도 모르겠다고.

인공으로 꾸린 세계에서 해진 신발을 신고 걸으니 자꾸만 넘어진다. 고꾸라져도 뼈까지 다치진 않는 게 내 무이한 행운이야. 판박이 스티커 붙인 손등이 볼을 훔치고 슬프고. 작은 송곳니는 웃다 넘치다 감추어지고.

어디론가 가버린 것들을 책상 위에 나열해 본다. 그중엔 언니가 가장 크고 많다. 모조리 펼쳐두니 만 이천 원짜리 샴푸 냄새가 난다. 어제도 샴푸로 거품 내어 손을 씻고 얼굴에 부채질했다.

맞아. 앞서 뛰던 그날의 향기. 파도치던 새카만 머리칼. 무이한 행운이 마침내 파쇄되고. 나는 언니의 초리를 향해 손을 뻗는다.

다시 시작하시겠습니까?

 가끔은 진득한 피가 흐르는 곳으로 가고 싶지 않아? 끈끈한 헤엄은 생체 리듬의 거대한 파장과 파격, 파쇄. 바삭하게 부서지는 월드에서 잠수하며 나부끼고. 퀴퀴한 어제를 잘게 다지면서.

 숨을 참지 않아도 호흡이 고파지는 곳으로 놀러 오지 않을래. 마른 물은 형형하고 졸졸 흐른다. 모든 물품은 생성되어 있음.

 광활한 하늘을 올려다봐. 개인이 다시 시작하는 지점. 모두가 커서를 대고 안식처를 점찍네. 밝을 때 짐을 푸는 어린 영혼들.

 딱 너다운 농도를 바다에 세제처럼 풀어두면 해류는 급변하지 않고 물고기는 열락을 마시고 새가 누워 쉬어가고 나는 표류할 수 있을 거야. 어서 와. 다시 시작하시겠습니까?

파 리한눈을치켜뜨 고

체한 안색으로
명확한 의중을 품으며
벼린 활 날 같은
뾰족한 시선만을

새하얗게
파리한 눈을 치켜뜨고
모든 척진 존재들을
헹궈내는 마른 손

간밤 사나운 꿈처럼
들이치는 네 눈빛은
나를 경멸하고 있는 것 같아

모른 척
아닌 척
살금살금 마주치는 시선이
유려한 핏빛이다

되돌릴 수 없는

괴이하게 각진 시간들
시선 끝에 맺힌 칼날을
아마
아마
평생토록 거두지 않을 테지

새카만 머리칼로
눈을 덮고
무겁게 물먹은 천 조각을
겹겹 덧대어
한 치 앞만 어설프게
가리운 뒤에
본색을 감추며 입만 웃었다

이것은 악연이고
너는 형형하며
나를 증오한다

관통하는 사실들은
불완전이 번뜩이며

발치를 기고 있다

무거운 침묵을 지키며

영원히

구운 오렌지색 비애

맞아 속고 싶었는지도 몰라
거짓을 질겅일 때의 네 호흡수를 아는데도
눈을 가린 채 끄덕이고 싶었어

노을이 아름다워서 그래
우리 인생에서 수백 번은 저물었을 해가 유달리 처음 같네
그래 하필 짓궂게도 이 순간 창문으로 끼얹어진
구운 오렌지색 비애에 휩쓸린 거야

어떻게 할까 어찌하고 싶니
매일 같이 보사노바가 흐르던 작은 부엌의 공기는
수백 개의 바늘이 걸어 다니는 듯 까끌거리고

난 직감하고 있어
저민 악담을 삼키는 너의 목울대와
자꾸 억울한 나
미치기 직전 눈물부터 겨우 수습하고
다시 시선을 끌어보았지만 역시
너는 아름답고 이기적이네

우리를 부피가 얇은 단편 소설로 분류해 두자
제목은 습작
히트할 수 없으니 폐기하자며 손목을 끌고 갈 그림자에
지지 않기로 해 어서 언약을 걸어
화려한 책등 사이에 조악하게나마 끼어 있으려면
억지로라도 마침표를 찍어야지

뒷심이 약한 인연도 있는 법이야
첨가물이 절묘히 섞이지 않아 맛이 없어도
달게 삼킬 줄 아는 어른이 둘이나 돼
위안 삼고 쓴맛을 섬기고 알약을 반기는 것
현대의 가장 반가운 표본이지

우리 이제 손을 놓아
대화가 누르스름하게 익어가기 전에
아직 마른 볼일 때

익숙한 체온도 서둘러 잊어버리자
하지만 예외로 오늘만 오래 머금을래
기억력이 나쁜 나를 안았다가

차갑게 밀쳐줘

풋사과즙이 흐르는 행복의 나라

행복의 나라에서는 착한 인류 나쁜 인류를 구분 짓지 않는다
일부의 구원은 격차에서 생겨나는 착각 속 인형 뽑기이며
우린 늘 제철의 싱싱한 오만함을 희망에 휩싸여 베어 문다

나는 기왕이면 풋사과즙이 흐르는 여름 언덕으로 가고 싶다
흠뻑 젖더라도 그런 상큼함에나 불쾌해지고 싶다
목을 축일 수 있고 맛있게 익사할 수도 있는
음 그런 상상
더운 기후의 갈망 해소로부터 오는 기쁨만큼 사무치는 공상

우리가 불행한 이유는
자신을 측은하게 바라보기 때문이다
우리의 또 다른 이름은 미지이고
방지턱을 예고 없이 들이받는 신형 자동차임을

턱끝과 팔꿈치를 타고 흐르는 단물은
당도가 진득하게 오른 물복숭아만큼 충만한 것이며
우리는 그런 막연한 꿈자리를
미세한 틈 사이로 훔쳐보며 이를 간다

소속 본능도 권태를 이길 순 없다
배 나온 두발짐승의 머리 위로 쏟아지는 박수 세례와
풋풋한 여름 과일도 결국 낙과일 뿐이다

너와 영영 정말 영영 사랑하고 싶었거든

한없이 부끄러운 연인이던 나를 파묻어두고
이 미로 속을 도망쳐나가려던 계획은
아마 실패로 돌아갈 듯싶다
한참을 머뭇대다 결국 눈시울이 달아오르고
고개를 숙인다

시야에 들어온 운동화는 큰맘 먹고 맞춘
비싼 커플 신발이고 그 매듭마저도 너의 손길이다
칠칠찮게 끈을 풀어 헤치고 다니던 내게
너는 묶는 법을 가르쳐주지 않고
매번 신발로 손을 뻗으며 몸부터 숙였다
결국 인터넷으로 배워야 했다
나는 그 묵묵한 친절을 종종 떠올리며 운다

소리 없는 폭풍우가 연인을 출구로 데려갔다
누구도 제어하지 않았다
한 철 혹은 두세 번의 사계절 동안을 끌어안고 있다 보면
자연히 밀쳐내게 되어있다며 우울해하는 연인에게
절박한 심정으로 키스하던 너는 어떤 상상 속을 횡단했나

예언이 먹혔지만 스트라이크의 쾌감은 없었다
외려 죽고만 싶다 왜냐하면 나는
너와 영영 정말 영영 사랑하고 싶었거든

아이러니하게도 사랑에 비관적이었던 나보다
늘 다정했던 네가 먼저 출구로 걸어 나갔고
나는 탈출 통로로부터 고작 한 발짝만을 남겨두고서
괴괴한 아늑함을 떠안고 있다
많이 망설이고 자주 미안해하던 너는
끝낼 땐 단칼이었고 그것마저 배려였다는 걸 안다

나는 네가 늘 어렵고 가끔은 감당키 두렵지만
그런 너를 미로라고 여기고 영원히 헤매고 싶어

10초가량의 통화 녹음을 반복 재생하며
몸을 모로 뉘었다
폐부에 미열이 고인다

다정한 굴종

 내게 그런 말 하지 마. 첫 무화과를 베어 물던 입이 첫 마디를 공격적으로 뗐다. 맹맹한 단물에 젖어 번들거리는 입술. 껍질에 마찰해 자꾸만 붉어지는.

 그래. 그럼 무슨 말을 할까. 나는 지하철 낡은 자판기야. 골라봐. 악담맛 사이다, 상흔맛 콜라, 이별맛 밀크티. 농장 체험의 결실에서 드디어 손을 뗀 그가 다가온다. 성큼성큼. 성큼성큼 성큼. 다가오는 기분은 몇십 번을 겪어도 기묘하게 두렵다. 그는 아랫배를 검지로 꾹 누르며 엷은 입꼬리를 올린다. 메뉴가 적다. 딴소리를 한다. 이미 눌렀어. 뭔지 말해. 멋대로 내던지기 전에. 으음. 안 마실래. 하나같이 입에 안 맞는 것들뿐이야.

 주인 없는 캔 하나가 굴러 나왔다. 누구도 줍지 않는다. 그는 캔을 맹렬히 드리블하며 골대로 향했다. 글씨의 잔상. 무슨 맛일까. 알 수 없다. 깡 소리를 내며 골인하는 찌그러진 음료수. 그가 1점을 가져갔기 때문에 우세가 기운다. 조금만 더 치우치면 손톱으로 바닥을 지탱하며 버텨야 할지도 모른다. 나는 그럼에도 얌전히 앉아 있다.

키가 큰 그 여자는 내 곁을 횡행활보하다가 불시에 코앞까지 다가와 우뚝 멈추어 섰다. 압박. 등 뒤가 훤한데 벽인 듯이. 맞아. 미안해. 아니야. 때때로 굴복하고 싶은 기분은 네가 종용하는 거지. 신발 앞코에 몸을 바짝 대며 무릎 꿇었다가도 발길질을 가하고 싶어지는 심리. 너는 이 시소에서 날 내려줄 생각이 없어 보였다. 누가 먼저 발장구를 멈출까. 사실 그는 관망하며 앉아 있을 뿐이다. 나는 이를 악물고 박차를 가했다.

고양이 버스

'실례합니다'라고 말하며 콧잔등에 손을 가까이 대는 게 오늘의 요금이에요. 다 다른 크기의 열차가 용맹하게 달려온다. 잠시 우리에게 있었던 아이, 그림자처럼 사라진 아이 모두가 초록이 드리운 잔디밭에 뭉툭한 발을 딛는다. 목적지는 어디인가요. 너 있는 곳. 그건 천국 법 규율상 불가능해요. 버스의 털이 따뜻하게 젖으면 아이들은 몸을 털며 기지개를 켠다.

동네를 벗어나 달리면서 버스의 날쌘 걸음을 느낀다. 코가 매워요. 항의하니 울지 마세요. 야옹거린다. 바람처럼 쏘다녔을 발바닥이 슬펐다.

이듬해에 다시 와. 날 보러 와. 그랬다가도 아니야. 날 잊어. 무저갱에 새까맣게 침전하고 있는 나를 다시는 보러 오지 마. 큰소리친다. 아직도 코가 매워 보여요. 버스가 아늑하게 진동하며 털을 승객 가까이 붙인다. 열대 기후의 폭우처럼 미지근하게 젖어 들어도 몸을 털지 않았다.

안 내릴래. 안 내릴 거야. 철이 없는 날 안아주고 다시 별로 돌아가는 버스들. 잠시 안녕이고 다시 만나는 거야. 내 말에 잠시 만나 영원히 안녕인 거야. 유통기한은 원래 짧아. 그렇기에 우리가 완전한 거야. 저마다의 목적지로 달려 오르며 웃는다.

  짧은 안식이 산화한다. 몽상에 흠뻑 젖은 눈이 깜빡이며 뜨인다. 창문 밖으로 꼬리 그림자가 흔들거렸다. 이제야 널 보내줄 수 있을 것 같다.

나는 고작 그게 슬펐다

 사실 가장 비극적인 순간은 가까이 있을지도 모른다. 핸드폰 화면을 쳐다보느라 소중한 사람이 짓는 따뜻한 표정을 놓치는 것. 당장 눈앞에 번진 내 아픔 닦자고 다가오는 온기를 뿌리치는 것. 겸연쩍다는 이유로 마음껏 껴안을 수 있는 시간을 물처럼 낭비하는 것. 남들의 행복을 관망하며 감동하고 눈물지을 수 있는 내가 왜 만질 수 있는 애정엔 이리도 인색하게 굴까.

 적극적으로 슬퍼하기까지 오랜 시간이 걸렸다. '고작'이라는 비아냥이 나를 막아서며 자격을 논하는데 그 근거 없는 훼방에 나는 너무 오랜 시간 고개를 끄덕여주었다. 기쁘다는 말은 발화하는 순간 자리에 서 있던 모두가 행복으로 뜨겁게 익는다. 그렇다면 슬프다는 말은 어떨까. 수용하기 까다로운 감정이다. 알고 있다. 그러나 슬픔과 기쁨은 닮은 구석이 있다.

 살갗의 온도를 안다는 건 오래오래 슬플 것이란 뜻이기도 하다. 사라지는 건 사라지는 것. 사람은 만질 수 없을 때 가장 많이 운다. 기쁨은 필히 슬픔을 가져온다. 상실되든 상실하든. 우리는 우리가 유한하다는 사실을 잊으려 애쓰며 산다. 슬픔은 필히 기쁨을 가져온다. 인류는 희망이라는 별을 따라 걷는 본능이 있기 때문이다.

  좋아한다는 말 대신 널 위해 기꺼이 슬퍼할 수 있다고 말한다. 내 안에 든 바다를 이만큼이나 쏟을 수 있다고. 어차피 우리는 모두 고작에 지나지 않아서. 우리의 슬픔은 이 우주에서 고작이니까. 나는 매일을 고작 그것에 슬퍼하고, 살아있는 이는 모두 우습게도 작은 것들을 쥐고 운다.

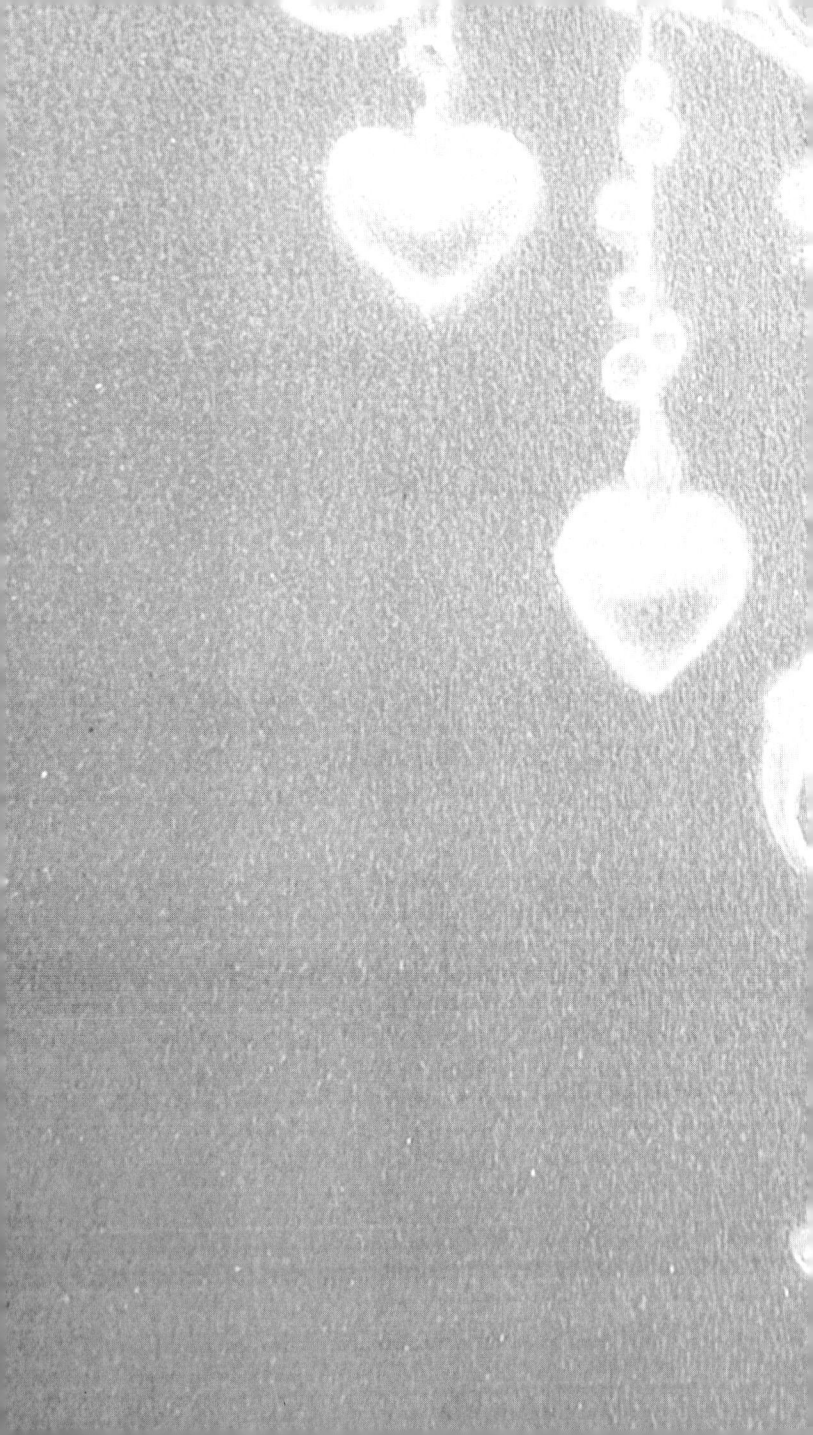

3부 볼을 타고 흐르는

눈물을 엎지르면 지구가 잠긴다

희망은 투명하고 거칠고 삭막한 외양으로 걸어 다닌다
설탕사막에서 사랑 찾기란 쉽지 않을 것이다
손을 써가며 무릎을 굽혀가며 때로는 배를 땅에 붙이면서
최후의 날숨을 발견하려 애쓰고 있다

양말을 갈아 신는 도중에 눈물이 났다
구급상자를 열어 마른 붕대로 얼굴을 둘둘 감았다
까마귀가 질긴 천을 찢어가려 애썼다
부리가 축축해지다가 파랗게 물이 든다

백지를 가만 보고 있으면 속이 뭉클해져요
의사 선생님
마음약을 주세요 사랑하면 우는 제게 처방을 내려주세요
비가 떨어지면 우산을 펴잖아요

전 세계 사람들은 동시다발적으로 슬퍼졌다
우리들은 그저 눈물을 담는 컵에 지나지 않나요
마음의 부품이 젖으니 고장 나고 고장 나니 넘어진다
모두가 넘어진다
지구가 눈물에 잠겼다

서로를 일으켜 세워주면서도 동질감보단 이질감을
푸른 뿌리가 눈물을 꿀떡꿀떡 삼키다가 배불러 잠에 들고
희망은 지구 반 바퀴를 걷고 있다
숭고한 민낯으로 얼룩을 만지작대면서
굶주린 이들에게 틈틈이 황금색 긍정을 떼어 먹이며

허물

나날들은 이제 주마등이 되었습니다. 괴로움에 몸부림치던 시절도 뛸 듯이 기뻐했던 기억도 다 지나간 허물일 뿐. 그 이상도 이하도 아니었네요.

약소한 행성의 사랑법

목성에서는 무슨 냄새가 날까
나는 커다란 것들을 두려워하기 때문에
마음이 제멋대로 양을 부풀리는 순간마다 울었고
분명한 목적으로 다가오는 입술이 좋아서 고개를 돌렸다

지켜야 할 별이 있다는 건
심장이 필연적으로 닳을 수밖에 없다는 뜻이기도 하다
그 별은 질 수도 있고 산화될 수도 있고
반대편으로 걸어가서 영영 소식을 모를 수도 있다

두뇌 틈새에 끼어 있는 테이프들은 재생 버튼이 크고
자꾸만 눌린다
몇 개의 기억이 동시에 상영되기 시작하면
나는 사진첩을 가운데에 두고 방 안을 빙글빙글 돈다

무서운 사랑
나는 사랑이 너무 무서워
영영 코가 찡할 수밖에 없는 지나간 사랑이
정말이지 섬뜩하다

아름드리 커다란 그의 존재감
하늘 높이 떠 있으며 나의 밤을 간섭하는데
달만큼이나 오래오래 진득하고 허여멀건한 빛을
둥그렇게 쏘아대며 나를 가두어놓아서

고심 끝에 다시 여파를 감당해 보기로 한다
최악을 견디는 일
그게 약소한 내가 할 수 있는 최선의 사랑 방식이다

누워 있으면 슬픔이 머리맡으로 밀려와 익사하게 된다

누워 있으면 슬픔이 머리맡으로 밀려와 익사하게 된다. 숱한 밤을 앉아서 자는 동안 나는 몇 번이나 숨이 멎는 꿈을 꾸었을까.

가여운 것들이 몰려온다. 내 뇌는 찬장 모양을 하고 있으며 괴로움이 접시처럼 차곡차곡 쌓여있다. 잊힐 리 없는 괴로움을 잊으려 더 괴로운 접시를 꺼낸다. 끼닛거리를 고민하기도 전에 물큰한 우울이 접시 위에 눕는다. 속이 비치지 않는 반투명한 슬픔.

영원할까. 그렇다. 꼭꼭 씹는다면 인생에서 소화될까. 그럴 리 없다.

밝은 날 양산을 쓰고 걷다 보면은 마주친 시선에서 경멸을 읽을 수 있다. 그 누가 기름 바른 지붕 아래서 귀하게 큰 인간이라고 우리를 힐난하나. 둥그런 그림자 아래엔 밑창 자국이 찍힌 능소화가 질척거리고.

빗물은 먹구름을 한입 가득 물고 낙하한다. 그해 장마가 무르고 밝았던 이유다. 지독하게 울고 나면 온 호흡에서 단맛이 났다.

 우리는 잘 포장된 알사탕같이 반질반질한 눈으로 다 다른 상상을 껴안고 산다. 알아도 알아도 끝없이 무지하고. 가여운 것의 손을 잡아보세요 하면 반사적으로 양손에 깍지를 끼었다 누가 볼세라 푸는 존재가 바로 우리이다.

 비뚤어진 채로 걷는 사람도 있어요. 바르게 선다는 개념은 사실 모호한 것이라. 어둠에 빛이 들길 바라는 것은 다 허상이다. 아름답고 보드라운 흰 빛도 누군가에겐 눈부신 불청객일 뿐.

 나는 암흑에 적응했다. 해가 유리창을 두드려도 꼼짝 않고 벽을 만진다. 석묵색 세상에서는 거칠 게 없다. 나만이 숨 쉬고 있다는 끔찍한 감각만으로도.

장마 해류

상가 빗물받이 밑
나는 무엇을 피하고 있나
분명 비가 오는 것 같은데
분주히 지나는 이들 중 누구도 우산을 쓰고 있지 않네

보고 싶은 마음에도 냄새가 있다
주로 서늘한 얼음 향기를 풍기지만
가끔은 악취보다 맡기 힘들어서 숨을 참는다

따뜻한 꽃바람이 두 볼을 잠시 적시고 지나갔을 뿐이라고
봄이 짧은 것은 당연한 이치인 걸
사랑이 지나간 자리엔 풀이 나지 않는다
새 생명이 창궐하는 활기를 본능적으로 거북해하고 있다

사계를 헤엄쳐 도달한 곳은 겨우 이런 곳
종말의 상태에 적응하니 온온하기까지 하다
해가 쨍쨍한 장마
눌어붙는 라바콘
눈알 바깥으로 밀려나는 매서운 해일

네가 분명 나를 바다 같다고 했었는데
그래서인지 내 사랑은 비린내가 난다

마가렛

휘 하 휘 호 바람을 가르며
썩은 별을 입에 물고 내달리는 그림자
찢어진 팔목은 헝겊으로 친친 감아도 너덜대고
밤하늘이 이깟 부식된 별을 받아줄 리가 없는데도
야밤을 건너가는 마가렛

지상의 색채가 봄볕이라
밤을 잠시 잊었다고
뺨이 꽃 색으로 물들어 무지개 조각을 보여주었다가
풀밭으로 추락하고만 별 사냥꾼

가엾은 마가렛
떨어지는 눈물방울이
그림자를 적시며 와그르르

소총으로 별을 깨던 날
부서진 조각을 숨겨와 먹지 위로 뿌리며
영원히 떠가는 하얀 흔적이 되길 바랐던
정 많은 낙오자

빼빼 마른 썩은 별
멈추지 못하고 달리다 삐끗 꺾이는 왼 발목
심장의 거친 파동
들꽃 위를 구르는 인영

환희로 얼룩진 별이 밤을 갉아 먹는 꿈을 꾸었다
귓가를 먹먹하게 울리는 물에 빠진 장송곡
찢긴 그림자를 해가 덮는다
구름 두른 순백색 볕이 바닥으로 내려와 앉았다

마가렛
별을 타고 날으는 히치하이커
반짝이는 이채를 겨누어 박살 내버린
어느 간밤의 고요한 소행

그는 그림자를 끌어안았다
함께 가자
지난 시간이 물거품 된대도 상관없어
더는 달에 닿고 싶지 않아

본질을 거슬러 파란 밤을 등지고
찢어진 그림자를 손에 쥔 채로
멀리멀리 사라지는 마가렛

다시는 돌아오지 않을 시절처럼
영영 숨어버린
숨겨버린

너는 브로콜리를 싫어하는데

몇 개월이 지났다
위하는 척이라도 좋으니 제발 갈 길 가자며
언성을 높이고 헐뜯던 날로부터 말이다

내 집엔 네 물건이 아직 남아있다
네 집엔 내 물건이 남아있을 거고
어쩌면 버렸을지도 모르지만
서로에게 그리 매정하지 못했으니까
아마 그대로겠지

매번 번거로운 일들을 기꺼이 해주던 게
이제야 고마우면 너무 못된 걸까
곱씹을수록 향기로운 것들이 있다
가령 너의 수제 꽃차라던가
그저 차를 마시고 싶어 했을 뿐인데 꽃시장에 다녀와
식용 꽃을 일일이 씻어 말렸을 네 성의는
자잘한 사랑으론 가늠하기 어렵다

일기에 쓸래
네가 내 손등에 입 맞춰줬다고

얼떨떨하게 잔열이 오른 목소리가
숨결까지 재연되어 귓가를 울린다
내가 무너지길 바라?
물어도 아니라고 대답해 줄 너는 없다

스튜를 끓이다 불현듯
너는 브로콜리를 싫어하는데
중얼거리며 무의식적으로 골라내다가
뒤늦게 멈칫하게 되는
이런 후유증이 얼마나 더 오래 지속될까

긴 숨을 내쉰다
질병 같은 사랑이 싫다
아픔을 주기 위해 냉담히 벼르던
날 선 생각이 가라앉고 나면
무의식중에 받아온 희생 어린 호의들이 떠올라서
죽고 싶어지니까

옥상 위의 나루

 선이 끊어지면 잃어버리는 사이. 잡을 수 없는 손을 각자의 모니터에 대고 안녕 안녕 긋는다. 나는 나루야. 날개가 있어. 온기 없는 지표는 거짓말을 한다.

 풍성하고 하얀 날개가 깨진 시멘트 위에서 처음 펴졌을 때의 이야기. 이질적 후광이 두려워서 손으로 쑤셔 넣었어. 나루는 종이접기를 망친 초등학생처럼 울었다고 한다. 엉망으로 접힌 뼈가 아파서. 숨어있어도 안전하다고 느낀 적이 없었다. 빛나는 날개와 새카만 인영. 공중에 뜰 수 없는 날개를 등에 붙이고 사는 일은 발목이 부러진 채 걷는 것과 비슷해. 가장 낮은 곳에서의 고행이 나의 임무일지도 몰라.

 접속이 끊어졌다.

 1004 1004100 4 10 0410 04⋯
날개를 보러 오라고?

 새와 같이 새와 나란히 태양에 보다 가까이 인간의 불쾌한 속삭임이 더 이상 들리지 않을 때까지. 꿈속에서 사나 보네. 껍질은 쿨쿨 자고 알맹이는 뇌의 속임에 즐겁게 놀아난다. 내가 몇 명의 손을 잡고 날았는지 알아? 그리고 몇 명을 추락시켰는지도. 천사가 이미지를 보내왔다. 슬픈 얼굴. 예쁜 머리카락. 거짓말이잖아. 큰 날개가 등 속으로 완벽히 숨을 리가 없잖아. 우린 그냥 날고 싶은 거야. 인간으로서.

기침하는 물고기를 본 적이 있어. 바다에서 주워 온 소라 껍데기를 장난감으로 넣어준 게 원인이었지. 새끼손가락보다 작았던 재스퍼는 다음 생에 독수리로 태어날 거래. 유리 어항에 꿈이 가로막힐 일 없도록.

옥상 위의 나루. 무릎뼈 아래 살랑이는 남색 치마. 어느 옥상이 날기에 제격일까. 커피를 얻어먹을 수 있는 은행 빌딩이 좋겠다고. 궐련의 재를 섞은 크림으로 세운 건물들. 축축하고 고소한 시멘트 냄새를 폐부에 양껏 간직하며 계단을 두 칸씩 오른다.

도구 없이는 비행이 곧 추락이라. 지불된 기한만큼만 자유로운 인간들. 너도 지폐 공포증이 있니? 그래? 나루야. 치맛단이 으스스하다. 증명해 보일게. 난간은 나의 쉼터야. 비둘기와 앉아 있으며 서로의 날개를 치켜세워주었다고. 마른 발바닥이 한 보 앞으로. 날아가면 안 돼! 날림공사 폐해로 인해 흠뻑 고여있던 웅덩이에 첨벙, 철퍼덕. 빌딩 옥상에서 개헤엄이라니.

날개를 보여주지 않아도 너는 하얀 천사야. 가방을 멘 나루는 나를 돌아보면서 작은 바람에도 휘청였다. 초록색 난간은 드문드문 칠이 까져 먹음직스러웠다. 앙상한 두 다리. 이 험상궂은 흐름에 영 적응력이 없어 보여. 걷게 둔다.

주워 온 깃털을 부러뜨렸다. 나루는 하늘을 멀거니 올려다보았다.

아름답고 추악한 작은 우주들

정적이 아우성을 압도하는 순간 속에 있어
긴장에 저린 몸을 주무르며 근육을 푸는 건
먹이를 되새김질하는 피로한 반추동물의 모습과 다르지 않다
하늘을 가리는 나무들 드높이 뻗어 아름다운 저 바탕을
카푸치노처럼 휘젓고 싶구나
구름으로 앙상한 가지를 듬뿍 치장하고픈 갈망 비현실 상상
그러나 공존하는 짝꿍의 키는 무척이나 거대했네
마실 물이 많아서 위장이 늘어난 게으른 이들에게
바람이 불었다 낙엽과 생애 실수 일기 해열제가 나린다
아름답죠 곧 잠들 졸린 눈들
보름달이 제 몸을 실 같이 깎아 홀가분할 때를 아시겠나요
까맣게 방전되면 두 쌍의 그믐달이 뜬답니다
별 없는 밤하늘을 초마다 만나면서요
모두가 아름답고 추악한 작은 우주들입니다
소실을 기다리는

쿠키 가루가 묻은 손

맞아
네 말이 다 맞아
사랑해
의구심 없이

쿠키 가루가 묻은 손을 보면
한 번 털어달라고 간곡히 요청한다
잠시만
다시 밀려와
오늘도 숙면은 물 건너갔네

갈색 쿠키를 좋아해서 나무 바구니를 샀지
많이 담으려고 많이 먹으라고
양손으로 큼직한 쿠키를 조각내면서 맛있게 먹던 너와
그 손을 보던 나
쿠키 가루가 묻은 손

잘 씻어도 버터 냄새가 배어 있어서 깨물기 좋았다
너의 손은
게다가 날 사랑하기까지 하니

손바닥이 얼마나 따뜻했겠는가?
갓 구운 파운드케이크보다도 뜨거운 한 덩이의 사랑
발효가 잘되어 반죽부터 맛이 좋아서
야금야금 뜯어 먹게 되는 걸

좀이 너를 갉아먹고 있다 더는 안 돼
캐리어에 커플티를 개어 넣으면서
반 자른 쿠키가 자꾸만 생각나는 것은

버릇이 흔할 때 방식이 아주 인간적일 때
처리할 일이 많아진다

저기요
손 좀 털어주세요
저도 손 털고 나왔거든요

죄송해요
너무 깊은 바다였어요

내 심장은 사랑해라는 낱말로 이루어져 있어

나는 너와 동질적인 여름을 나고 싶은 거야
너는 무정히 맑은 해라서
나처럼 무른 얼음은 가까이 다가갈 수 없으니까

초록빛이 시큼하게 어른거리는 나무 밑은 고백하기에 좋지
나는 비겁하게도 이 계절을 빌려 연약을 호소하게 되고

미지근하게 젖은 턱끝을 훑어줄 때만 볼 수 있는 것들
그러나 너의 눈은 불투명하게 비치는 유리
어쩐지 마음 한 갑을 다 피워도 해갈되지 않네

불어닥치는 게 산들바람인지 너인지
네 향기 같으니 따라가 볼게

내 심장은 사랑해라는 낱말로 이루어져 있어
얼마든 나누어줄 수 있지
사랑해
하루치를 먼저 줄게
음절 사이사이마다 서려 드는 호흡을 닮은 너에게만

드림 문구점

첫사랑은 지우개 맛이었다
숨기고 싶었으니까

공책 몇 장을 찢어 접은 동급생 그 아이가
부채라며 내 눈앞을 불쑥 가렸을 때 다른 건 몰라도
손에서 폴폴 풍기는 학교 근거리 문구점 냄새만큼은
참 아늑했었다고

4절지를 사러 급하게 달려가면
먼지 내려앉은 완구 무덤을 헤치고 수영해
다녀오던 주인 언니
말랑한 돼지 저금통이 주렁주렁 매달린 그곳은
가끔 정육점처럼 보였다

무수히 많은 말을 버겁게 삼켰으나 착각한 적 없었다
동경이 얼쩡거리며 위협을 가해도
이상적인 연애소설에 그녀를 투영할 만큼 자신감이 있었지

으레 모든 아이가 그러하듯
나도 그 어른을 잃어버렸다

저무는 시절이 내게 준 자상은 고요하고 깊었지만
어리다는 이유로 무섭게 새살이 차며
흉터 하나 없이 멀끔하게 재생됐다

그 사실이 종종 끔찍해질 때면 외려 오랫동안 곱씹는다
잔인한 사실은 때때로 몹쓸 단맛이 난다
딱딱한 사탕을 몰래 입속에 넣어주던 손가락의
지문 사이사이 녹아있던 친절이라는 과당처럼

반지상실

반지를 던져버리고 걸어 나온 그날을
후회하느냐고 묻는다면 망설임도 없이
아니라고 대답하겠지만
그때 네 눈을 마주치지도 않고 뒤돌아버린 것을
후회하느냐고 묻는다면
끝끝내 부정하지 못할 것이다

작은 큐빅이 박힌 은반지가
볼품없이 부딪쳐 튀어 오른다
내가 실수한 것은 반지뿐만이 아니었다

세상에서 딱 둘만 아는 하이얀 언약과
사랑스런 충족감
비언어
서로를 의무로 매어둘 비싼 고삐를 놓치고 만 참사

밀빵처럼 부풀던 작은 사랑을
홧김에 찔러 터뜨린 나를
늘 그랬듯 이해하려 애쓰는 눈동자로 응시했을 너

크기가 작을수록 잃어버리기 쉬운 법이다

어른스러운 너에 비해 내 마음은 크기가 약소했고

굴러가 버린 반지처럼

의도적으로 놓쳤는지도 모른다

다시 줍고 싶을 걸 뻔히 알면서

바보같이

우리 세대의 사랑

10년 뒤를 장담할 수 없는 우리 세대의 사랑은 몹시도 기진하고 절박하다. 선풍기 소음만 스으으 스으으 그윽한 밤이면 문득 이 고요가 깨질 날을 손가락으로 셈해보며 장기를 불안으로 달구게 되는 것이다.

거울은 깨지라고 있는 것 같고, 유리창 너머로 힘껏 발길질하는 신발 밑창이 보이는 듯하여 눈을 감았다 뜨면 적막.

정은 머리와 가슴의 갑론을박을 무시한다. 자. 가져. 뜨끔한 온 정신이 근거를 쫓는다. 왜 나는 정을 거리의 무료 유자차처럼 나눠주는가? 작은 손에 들린 정은 물큰하고 미적지근하여 움켜쥐기에 만만하다.

나의 뇌는 정을 책임이라고 인식한다. 연연해 보려 애쓰지 않아도 된다. 심장에 각인 되었음을 이미 안다. 재해 때마다 사랑하는 이들의 만면이 떠오를 것이다.

웃는 얼굴이 좋다. 상처에 무뎌진 인류에게 바치는 찬사. 정신없이 들이치는 두려움과 변명해도 죽는 생을 방관하는 것은 이젠 싫어. 방울이 볼을 타고 눈물 눈물 눈물 흐른다.

나무뿌리를 들어낼 때의 통증과도 같다. 우리 세대의 사랑은 먼 별보다 작은 빛으로 잔존하고 있다.

햇빛에 결국 드러나는 얼룩들 그러나 우리는 보이지 않는 상처를 돌봐야 한다

낯선 공기가 좋아서 옆 동네를 걷다가 벤치에 앉았다
정강이뼈를 데워주는 햇살을 실눈 뜨고 쳐다보다가
바지에 묻은 얼룩을 발견했다
빛을 오래 봐서 생긴 잔상인지
미처 발견 못 한 일상 속의 불상사인지 알 수 없었다
부슬부슬한 눈 뭉치를 쥐어본 게 불과 얼마 전인데
또 일 년 한 바퀴를 겨우 2개월만 남겨 두고 있다
책임을 늘리지 말아야지 다짐했지만
역시나 예상 못 한 것들을 품에 주렁주렁 안고 서 있다
내가 안고 있는 따뜻한 생명과 딱딱한 이치와
가슴 아픈 불순물들
남의 시간까지 짊어진 보부상의 얼굴은
투지로 열을 내고 있으며 낮별과 같이 기진하다
세탁하면 그만일 얼룩보다는
성미에 타버린 화상 자국이 고단한 계절
이만 돌아가야겠다
안아줘야 할 책임들이 문 앞에 앉아 있을 게 뻔하다
무겁게 일어난다
얼룩은 더 이상 보이지 않았다

4부 서로에게 눈부신 불청객이 되기로 해요

설탕사막에서 죽은 사랑

아시잖아요 다 아셨잖아요 존엄함이 대수입니까
저는 그보다 유의미한 개개인의 일생을 침 흘리며 꾸었습니다
단잠이 불편해 본 적이 있는 사랑은 거수해 주십시오
사랑이 사랑을 배반하지 말아요
우리가 붉은 이유를 아시나요?

그 사랑은 설탕사막에서 죽었습니다
사랑이 사랑에게 반기를 들어 홀로 외로이
걷다가 과다 출혈로 쓰러져 설탕에 얼굴을 묻었습니다

비슷비슷해 보이지만 정을 주고 나면 내 것이 되는 이치
사랑은 화장지, 치약, 불과 같습니다
그는 희망이 수거할 겁니다
난데없이 눈물이 떨어지는 날엔 스스로를 검침해 보세요
입지를 잃고 저항하던 사랑이 죽었을지 누가 아나요

어떤 고백은 폭죽의 형상을 띤다

환한 폭죽 아래 양손을 오목하게 모으고 서 있길래
이유를 물었더니
빛이 발하는 가루를 모으고 있어
혈기로 쓰인 사랑을 연구하려고

우리는 마치 금 간 유리잔 속 넘치기 직전인 미온수 같지
요동하는 맥박이 펄떡거리며 달아오른다
흑심이 땀에 절어가는 동안 입 한 번 달싹이지 않고
신발 밑창을 땅바닥에 비비며 음 있잖아 그게 음

여름 햇빛에 빳빳하게 마른 하얀 반소매 티셔츠 향기
선뜻 건네받은 안녕 반가워가 사랑해 될 때까지
구름 떼를 향해 덤비는 거센 폭죽이 빛을 잃고
기진하게 잦아들 무렵

날 안아 줘
아슬해서 그래
악어 같은 눈물을 훔치며
쪼글쪼글해진 바다맛 편지지를 건넸다

몇 해 뒤면 유치하게 굴어도 웃어주지 않는
무정함을 견뎌야 해
그러니까 나는 내 몫의 마음을 지금 엎지를래

마지막 금빛 불꽃이 차렷 자세로 솟아올랐다가
가장 높은 곳에서 온몸을 편다

펑 펑
펑
번쩍이는 얼굴들 중 오로지 너만이 더 밝게 웃었다

눈물감기를 옮긴 건 키스가 아니라

너는 비극적 언성을 닮아 날 사랑하나
아름답고 미끈한 것들은 쉽게 깨지기 때문에
표백한 헝겊에 안겨있어야 한다
하지만 넌 나라는 바닥에 자꾸만 몸을 부딪치고 있다

숟가락을 나눠 쓰고 자주 안고 입술을 대는 일
어울리지 않는 중증을 뺏어오려고
내게 옮겨 네 젖은 불행과
새카맣게 내리는 먹구름의 총알을

계산해 보니 너의 눈물 정도는 떠안을 수 있다
턱까지 잠기겠지만 죽지는 않을 것이다
설득 끝에 네 눈 아래까지 잠겨있던 자욱한 눈물이 밀려갔다

가쁜 기침이 터졌다
너는 백사장 위에 소금기 있는 눈물을 울컥 토했다

사실 난 수학치야
물살이 맹수처럼 들이쳐 머리끝까지 집어삼켰다
숨방울이 부글부글 끓어오른다

시야가 젖어 우는 얼굴은 보이지 않았다

난 이기적이니까 네 불행도 모조리 내 차지
나쁜 것만 뺏는 무뢰배도 있는 법이야
사랑해 셈하지 않고 방심하는 너를

튤립 댄스

아아

튤립들이 뜀뛰기를 하며 달아나는 식물원

마실 나온 주전자가 내게 팔아치운 고급 정보

비겁한 금싸라기는 주머니 속에서 절그럭대며

서로를 마모시키고

비명은 음악이 되고 비명은 악기가 되고

비명은 우악해지고 비명은 악귀와 편먹고

달밤에 숨바꼭질이라도 하자는 거야? 하자는 거야

내 뿌리를 달여 먹어

환상을 헤매고 바다를 통치하고

구름 위에서 기지개를 켜게 해줄게

춤추는 별망울이 빛의 이동 경로를 흘려두고 갔네

꿈이 흐르고 뼈가 재조립되네

이곳에 운동화를 벗어둔 사람은 다신 찾으러 안 왔어

둥글게 둥글게 손잡고 토성의 띠를 그리네

아침엔 밥 먹어야지 해가 밥 먹여준다

숭배해 돌진해 경외해
어서 마셔

초라한 웅성거림 밝은 때창
식물원의 걸쇠를 잡으려다가 주전자에 걸려 넘어졌다

툭 툭 튀는 광채들
꽃잎이 내는 굉음, 오페라
다가온다
다가온다 위대하게 호화스럽게

적용과를 먹자!!

아직도 이러고 산다 아직도 그러고 사니?

심기가 털실 뭉치처럼 엉켜 오면 어쩌니

넌 돈이 많고

난 열락을 공짜로 얻어먹을 수 있는 공급처가 있지

선망을 믿니 매만져봐 아우성치잖아

비밀이야 떠벌리지 않을 거야

부럽다고들 해 야 반 푼짜리 환희가 맛있게 삼켜지겠니

난 죽고 말 거야

뱃병이 나서

뭘 사 온 거냐니 익숙지 않지

곰팡이가 아니라 씨앗이라잖아 왜 과일에 깨가 다닥다닥

이를 예쁘게 물들이고 싶을 땐

자 받아

함께 멍청해지자

달긴 달아 썩기 직전이 가장 감미롭다더라

예쁜 척해도 인간은 다 짓물러 상해 가는 별종들이지

아 걷다 보면은 흥이 나서 춤을 출 수도 있는 거고

아 놀다 보면은 이골이 나서 박살 낼 수도 있는 거고

나의 영향력이란

제멋대로 뻗치는 새카만 머리털 봐봐 주인을 닮았지

이젠 연락하지 마

난 사이코야

돈벌레야

네게만 갸름한 한 떨기 물망초가 될 순 없어

다 가져가 실해 보여? 뒤집어봐 이면을 봐

이 해봐

외려 오므리네

그래서 네가 안 된다는 거야

베이지

그 여자가 베레모 챙을 훑으며 나를 지나갔기 때문이다
어깨와 어깨가 부딪치는 운명의 장난
뼈를 베고 지나간 뜨거운 자상
아하 그런 것이로군요
운명은 황금빛 벼락인 거예요

블루스는 앞꿈치를 잘근잘근
나비 날개가 나인 듯이
꿀벌 다리 사뿐히 내려앉은 꽃잎인 듯이
돌아요
허리의 소유권을 나에게 줘요

매캐한 트럼펫 연주 흠집 난 금 도색의 찬연함에 눈이 멀까
신경 깔깔한 옷을 입고 만난 당신과 나
위스키에 체리 색 모조보석을 담가놓고선
목마르지 않아요? 얼음도 아닌데 시원하죠
다시 춤추러 가요 드러난 왼 손목뼈를 문지르며

베이지 않게 조심해
응 널 흠모하다니 지갑 없어지진 않았나 잘 살펴봐

이미 어깨뼈에 흔적을 새겼지 아프게 긇는다 황홀경이야
그의 발등을 굽으로 밟고 사과해 가며 리듬을 익혔는걸

내 것인 양 한 아름 품에 가둔 절경 별유천지
겨울밤 따뜻하게 익는 바닥
초짜같이 굴지 말아요
고막을 가볍게 쥐었다가 놓는 음색
땀 흘리며 어렵게 푸는 사랑
성취감에 절어간다

풀숲의 낱알

풀이 짓무르는 냄새
우리는 숲으로 갔다
죽지 않을 자신이 있었다
배낭 속에는 물 두 병
자물쇠 채운 일기장 한 권
설탕 한 봉지가 들어있었다

고옥한 손가락이 말라비틀어질 동안
나는 네 피를 너는 내 피를 움켜쥐며
흘러가지 않도록
좋아하지도 않으면서 좋다고
뛰지 않는 맥을 만지며 거짓말을

흰나비 날개 자락이 사악 사악 코끝을 간질인다
강박은 비리다
못 먹을 맛이다
강수량이 높은 한여름 빗물 맛
외로움이 핥고 간 글자 맛

백설탕을 한 줌씩 나눠 삼키면서

기진한 여름 냄새가 얼마나 공포스러운지
우리가 왜 고립됐는지
대화하지 않았다

걷다가 돌아왔다
발바닥에 나뭇잎이 붙어 있었다
호흡을 고른다
배낭이 있고 너는 없었다
배낭이 없고 너는 있었나

우리는 배가 고팠다
모자람을 합리적인 갈증이라 여기었던 게
원흉이었는지도 모른다
그래
안는다고 다 포옹이 아닌 것처럼

먹어줘
거미줄에 걸린 날벌레 같은 나를
바람이 불었다
그림자가 다가온다

장마철엔 울 일이 많아

안녕이라고 말했다
너는 여상한 인사인 줄 알고 웃으며 다가왔고
그에 따라 몇 발짝 물러난다

예감이 들어맞는 순간은 대개 끝을 체감할 때였지
다섯 뼘의 거리를 두고 선 우리
미안해 저축해둔 추억을 인출한 뒤 흥청망청 썼어
괜찮아 나도 그랬거든
누구도 다그치지 않는데
혼나는 얼굴로 빈곤을 실토한다

처음 만난 사람치고
닮은 점이 많았던 네가
사랑해서 더 닮아진 눈으로 나를 본다

입에 고이는 말을 어렵게 삼키면서
이제는 나를 싫어해도 돼
쥐고 있던 권리를 놓는다

비가 한 방울씩 발등을 적신다

내가 선물해 준 신발을 신고 나왔구나
불길한 속설을 핑계로
넌 이제 마음껏 도망쳐도 된다

우리는 눈물 비치지 않고 씩씩하게 돌아섰다
울 일이 아냐
거짓말
빗줄기에도 가려지지 않는
가장 굵은 반짝임을 분명 보았는데

제아무리 깊은 상처에도 살은 차오른다지만
몇 해의 시간만큼 깎아진 마음은
다시 채워져도 공허할 것 같다

의연해지려 애쓰다 와르르 놓아버리는 일도
내리는 이 장마처럼
한동안이겠지
그렇겠지

눈사람 괴담

 냉동실에서 처음 만난 우리가 다시 눈밭으로 돌아가기 위해서는 우선 문을 따야 했지. 앙상한 팔로 손잡이 없는 매끈한 면을 자꾸만 헛디디면서 익숙지 않은 서로의 모양을 괴로워했다.

 중심에 박힌 뿌리채소는 살갗을 뚫은 날붙이 같아. 단숨에 뽑아내어 내동댕이치려다 무너질까 봐 가만두었다. 다시 눈송이의 형태로 돌아간다면 캄캄하고 매끈한 추위에서 벗어나지 못하다가 저 끈끈한 성에에 달라붙어 죽을 것 같았다.

 우리에게는 지난해와 내년이 없다. 네모난 통 속에 보관 당해 몇 해를 났다는 괴담도 사실 다 거짓일 거야. 입구를 서성이던 너는 점점 더 번들거리고 말이 없다.

 나뭇가지가 부러지도록 두드리다 틈을 보았고 잴 것 없이 밀쳐낸다. 너는 중심을 잃고 아래로 떨어졌다. 놀랄 새도 없이 끼쳐오는 화기에 중심을 잃고 뒤로 나동그라졌다. 뜨거운 해일. 수런수런한 공포가 일렁이는 압도적 여름.

앙상한 팔뚝이 바닥으로 추락할 때. 그렇구나. 우리는 머물러선 안 될 괴담에 도달한 것 같다. 샛노란 더위가 아득한 굉음이 온몸을 휘감는다.

흐르는 너는 바닥에서 형편없이 으깨져 식수같이 졸졸 흐른다. 꺼져가는 저항이 마지막 탄력을 냈다. 뜨거운 타일을 적시면서 소리 없이 내려앉던 우리에게 다시 안기는 환상을 보았다.

편지를 베어 물면 청사과 향이 나

전철을 기다리며 네가 쥐여주고 도망간 손 편지를
열어볼까 말까
바람 온도가 아직은 오락가락 명확하지 않은 시기야
우리들이 혼란스러운 것처럼

때때로 찡해 침이 고인다
설렘은 신맛을 닮아 있어
혀 밑이 얄궂게 아려오지
못 견뎌 박차고 일어나게

날 무모하게 만드는 건 너야
기행을 펴고 전조 없이 달리는 두 다리
소다 캔을 흔들어 건넨 것도 너였잖아
여과 없이 솟구치는 끈끈한 설탕 거품 뽀그르르 하게
책임져 재채기를 숨길 수 없던 어린 실수까지도

청사과의 단면을 자주 보고 있다
틈 없이 치밀한 속살을 사그락사그락 침범하면
몇 초간 치아를 밀어내는 저항감

볼수록 갈증이 나네
나 지금 더운 것 같아

볼이 얼핏 붉어진 아오리가 발라당 넘어진다
안되겠어 네 마음을 한 입 베어 물어야겠어
난 빨간 우체통이야
갈급하게 밀어 넣어 삼키자
오감이 과열된 충족으로 한순간 갈피를 잃는다

연필로 쓴 기쁨이 온몸을 걸어 다닌다
이제야 널 알겠어
내일 고백할게
마음 삼킨 심장으로

망할, 아무리 생각해도 사랑은 약점이 맞는 것 같다.

 죽을 순 없으니 오늘도 네가 앉았다가 간 자리에 손을 얹어본다. 갈가리 찢어 쓰레기통에 처박은 편지 따위는 잊기로 한다. 나는 오늘 너의 진심을 들었고 그 순간부터 영원토록 친구 역할을 맡아야 함을 직감했다. 토기가 치밀 정도로 상처받았으면서도 아닌 척 편지를 청바지 뒷주머니에 꽂아 넣었다.

 다음날 눈도 못 뜰 만큼 울 수도 있겠지만 그러지 않으려 한다. 고백 전조증상으로 이틀간 흘린 눈물만 해도 1.5L 페트병 서너 병은 족히 채울 것이다.

 네가 까먹은 낱개 초콜릿 껍데기가 책상 위에 놓여있다. 쪽지처럼 접어두고 갔다. 나란한 비닐 쪽지 몇 개를 참 귀엽게도 모아놓았다.

 형광등을 껐다. 나직한 한숨 한 번, 갑갑함에 곧장 드르륵 열어젖힌 창문, 기다렸다는 듯이 공기를 적시는 가을 습기, 풀벌레 울음. 죽은 것도 산 것도 아닌 산만한 얼굴을 기어이 일그러뜨리는.

안녕. 늦었네. 잘 지냈지. 인사말을 몇 마디 왼다. 내일도 드라마 한 편이 예정되어 있기 때문에. 다리 아프지? 카페 가자. 형편없는 연기력을 여실히 드러내며 뱉어지는 몇 마디 대사. 어둠만이 귀 기울여주는 개탄할 촌극. 망할, 아무리 생각해도 사랑은 약점이 맞는 것 같다.

회전

  내가 여길 다시 이사 오나 봐라. 다시 왔습니다. 단출한 종이상자를 안은 몸이 그날따라 어찌나 추레하던지요. 도서관과 단골 카페의 거리는 스무 걸음도 안 됩니다. 기적적인 동선을 어려서 몰라뵀어요.

  사람 없는 동네는 밤이 되면 바람 없는 바다 같이 잠잠했고. 눈 감았다 뜨면 팔아 치워지는 상가 건물, 제작 간판, 고용되어 서 있던 인간. 괴로웠어요. 이곳이라고 뭐 다를까요? 우선 공원을 걸으며 생각해 봅시다.

  햇살 색마저 달라 보입니다. 단골 냉삼집이 폐업했네요. 12찬, 마모된 쟁반, 땡땡 언 삼겹살, 손절한 이와의 합석에 관한 기억, 끈적끈적한 10인 좌식 테이블… 어마어마한 것을 잃었군요. 이젠 정말 SNS를 돌아다니는 새것 같은 델몬트 병과 꽃 쟁반을 받아들일 때가 왔나요. 뉴트로가 싫어요. 그 거대한 흐름도 날 배척합니다. 우린 서로 갈 길 가는 거예요.

  책은 다 커서야 본격적으로 읽기 시작했어요. 동화책 껴안고 살던 아기는 여전히 그것들을 끌어안고 있습니다. 어린아이들은 가끔 어른들이 내킬 때가 되면 놀이공원에 갑니다. 바이킹. 자이로드롭. 비인륜적 행위에 몸을 무력하게 내던질 때만 느낄 수 있는 기분이란. 심장이 하늘로 던져지는 듯했고요. 어릴 때 월미도에서 바이킹을 탔었는데요. 부지 위에 성의 없이 턱턱 얹어진 기구들부터가 몹시 두려워 작은 발을 주춤거렸죠.

 공중을 뺑뺑 돌다 겨우 하차한 소감이요. 낡은 빨래방의 고장 난 드럼 세탁기에 들어가 앉아 있는 기분이었습니다. 지금으로 치면요. 그땐 울었죠. 어른들 곤란하게 만들어 캐릭터 풍선을 얻어야 했으니까요. 실 끝에 무거운 엽전 같은 것을 묶어둔 헬륨 풍선을 건네받았습니다. 다발로 묶인 캐릭터 풍선을 보면서 언젠간 몽땅 구매해 하늘을 날아보겠노라 다짐했어요. 풍선은 얼마간 제 손에 붙들려 있다가 한순간 방심으로 떠나갔습니다. 그날 처음 하늘을 올려다본 순간입니다.

 주변 사람들이 웃길래요. 놓치는 건 부끄러운 구경거리구나 했어요. 하지만 저는 그 뒤로도 모든 것을 놓칩니다. 이젠 차라리 사람들이 웃었으면 좋겠어요. 웃어주세요.

 회전. 저는 이 단어를 좋아해요. 회전이라는 말은 회전하는

힘이 있어요. 우리는 회전해야 합니다. 지켜줄 별이 있다면, 그게 자신이라면 더더욱 돌고 돕시다. 내가 나를 만나는 순간이 올지도 모르잖아요.

  목성 공포증이 있지만 고리를 허리에 맨 토성은 좋아합니다. 이름이 확실한지 검색했는데요. 화질도 좋죠. 공포감에 몇 시간 앓아눕게 생겼습니다. 두려운 것이 있나요? 격파하지 말아요. 때로는 덮어두자고요.

사랑해라는 말은 매일이 골똘하다는 뜻이기도 합니다

당신을 껴안고 있으면 심장에 봄기운이 돕니다
지구에 단 하나뿐인 존재가 사랑 한쪽을 나눠
입안에 밀어 넣어준다는 것

당신의 이름을 사탕처럼 굴려봅니다
제 입엔 너무 달아서 자꾸만 삼키고 있습니다
혈관을 타고 사랑사랑사랑 미끄덩하게
적절한 체온이 데워둔 맑은 피가 순환하며
이성이란 본질 위로 사납게 범람하는군요

나의 세계는 당신을 향해 질주하고 있습니다
달리기만 하면 중간에 넘어지는 징크스를 가진 내가
겁을 먹으며 뜀박질하고 있습니다
사랑은 원래 그래요
비상식이 상식을 다그칠 수 있는 유일한 일이잖아요

내게만 몸을 기울여주길 요구합니다
내 앞에서만 기진한 낯을 드러내며 가라앉기를 소망합니다
무릎 위에 얹어둔 손을 훔쳐 가 뼈마디를 더듬어도
바라보며 잡혀 있어 주는 당신을 나는

오늘치 해열제는 미리 복용하였습니다
아직 만나기도 전인데
마음이 먼저 그 장소에 가 있었기 때문에

당신을 품은 그릇은 보기보다 뜨겁습니다
조심하세요
사랑에 데이면 약도 없답니다

지구가 빌리고 빌려준 것들

형형색색은 아름답지만 앉아서 쉴 수 없지
나무 그늘은 잘 수 있지만 손에 쥘 수 없지
불가능으로 이염된 둥근 구는
흙과 물을 빌려와 간신히 기운 모양으로
천천히 완전해졌다

인류가 글자로 이루어진 책이었으면 좋겠다
서로를 정독하며 흐느낄 수 있도록
때로는 오독해도 밑줄 그을 수 있도록
펼쳐놓아도 실례되지 않는 세상에서는
다음 장 넘기는 걸 방해하지 않을 테니까

우리는 서로를 비추는 작은 거울
깨진 모양이 다 다르기 때문에 합쳐서 하나가 될 수 있지
온전함도 때때로 붕대를 감아
무결함도 가끔은 넘어져

고열에 풀어지지 않도록 얼음을 물려주자
도움받아 기쁜 마음은
내 구멍 난 옷을 기워주는 소중한 원단이 되고

자신의 일부가 조금씩 남일 때 우리는 비로소 완전해진다

미래 모험가

 떠돌자 여행하자 당돌해지자 허접스러운 물로켓을 초등생 키보다도 낮게 띄우면서 과학 대회 금상의 꿈을 부풀렸던 맹랑함을 본받도록 하자

 밤바람이 어둡게 식힌 고속도로를 바퀴 없는 발바닥으로 뛰어본 적이 있어 우려했던 일은 단 하나도 일어나지 않았지만 무서워서 전속력을 냈지

 그날 내가 시속 100km 승용차를 앞질렀다는 사실은 누구도 믿지 않는 전설이 되었다 숟가락을 던지며 떠벌떠벌 고취되는 기분 그것만으로도 모험가의 자격을 달성했다고 볼 수 있잖아

 잘못한 게 없는 죄수가 철창신세를 지고 있을 때 이 틈으로 건네받고 싶은 물건이 있느냐고 물었더니 희한한 대답을 하대 당신의 손을 빌려달라거나 열쇠가 있는 방향을 가리킬 줄 알았건만 쪽지 하나를 던지면서 삼키시오 그러는 거야

 모르는 글자들이 산낙지 빨판처럼 치아를 향해 덤벼왔어 더러운 연못에서 낮잠을 자는 꿈이었지 말간 연꽃이 미끈거리는

저수지의 수질을 정화하며 이지적으로 팔을 벌리었고 죄수는 물살을 딛고 서서 태양을 바라봤다

  모험가는 궁금증 때문에 죽는 겁니다 모험 수칙 제1조에 근거해서 말씀드리는 거예요 미래는 흐름이라는 것을 알잖아요 눈을 가려야만 맡아지는 선득한 감각을 느껴본 적이 있다면야 우리는 벽돌을 뚫고 자란 개망초를 선망하는 파렴치한이니까

  1초 앞의 내가 저지를 명명백백한 착오들 우린 그것을 모험이라 부를 수 있는 용기가 필요합니다

선잠 시집 006
눈물을 엎지르면 지구가 잠긴다

발   행 | 2025년 09월 30일
저   자 | 안체니
편   집 | 박주연
디자인 | 박주연
펴낸이 | 박주연
펴낸곳 | 우주속도
출판사등록 | 2025.04.01.(제2025-11호)
주   소 | 경상북도 포항시 북구 초곡지구로58번길 52 115-305
이메일 | huyoko@naver.com

ISBN | 979-11-994670-3-3

ⓒ 안체니, 2025
본 책은 저작자의 지적 재산으로서 무단 전재와 복제를 금합니다.